Género Cuento folclórico

Pregunta esencial
¿Qué características hacen que los animales sean únicos?

El conejo inteligente

Un cuento folclórico coreano

contado por Chitra Soundar
ilustrado por S.Y. Lee

Capítulo 1

Los pasteles de arroz

Un tigre arrogante y codicioso vagaba por los bosques en busca de comida. Un día se encontró con un conejo.

—Tú eres mi desayuno —dijo el tigre.

Aunque el conejo estaba aterrorizado, dijo:

—Pero honorable tigre, los conejos siempre saben mejor después de una ración de pastel de arroz.

—¿Dónde conseguiré pasteles de arroz? —preguntó el tigre.

—Yo tengo algunos —dijo el conejo—. Los cocinaré para ti.

El tigre observó mientras el conejo frotaba unas piedras y encendía una pequeña fogata. Se quedó observando con incredulidad. Los animales pequeños solían correr para salvar sus vidas. Nunca antes le habían ofrecido aperitivos.

El conejo arrojó algunas piedras blancas al fuego. Las piedras se parecían mucho a los pasteles de arroz.

—Estos pasteles se deben comer siempre con salsa de soja —dijo el conejo.

—Tráeme un poco de salsa de soja —dijo el tigre, frotándose la barriga.

El conejo saltó a través de los arbustos y se fue rápidamente.

El tigre esperó mucho tiempo alguna noticia del conejo. Su estómago rugía y gruñía.

"Comeré solo unos pocos", pensó el tigre atrevido. "Tengo demasiada hambre para esperar".

Agarró una piedra, pensando que era un pastel de arroz, y se la tragó. La piedra caliente le quemó la lengua. El tigre gimió y se quejó consternado mientras recorría el largo camino hacia su casa.

AHORA COMPRUEBA

¿Por qué el tigre gime y se queja después de comer la piedra?

Capítulo 2
Las golondrinas

Unos días más tarde, cuando el tigre estaba fuera de su casa, vio al conejo de nuevo.

—Ah, eres tú —dijo el tigre—. Serías perfecto para el almuerzo. Te comeré.

El conejo, aterrorizado, dijo:

—Soy pequeño y pareces muy hambriento. Deberías comer una bandada de golondrinas.

Detective del lenguaje	¿Qué verbo en futuro ves en esta página?

—¿Toda una bandada? —preguntó el tigre, relamiéndose—. Eso sería espléndido. Me encantaría una comida maravillosa como esa.

—Solo espera aquí con la boca abierta. Las enviaré hacia ti —dijo el conejo—. Recuerda que debes cerrar los ojos. Las golondrinas tienen garras afiladas.

—Date prisa —dijo el tigre—. Me muero de hambre.

El conejo frotó algunas piedras, encendió una fogata alrededor del tigre y se deslizó entre los árboles.

El tigre oyó las hojas crepitantes. Sintió el olor de las ramas ardientes. Rápidamente cerró la boca y abrió los ojos. ¿Qué? ¿Cómo? ¡Estaba rodeado de fuego! Saltó a través de los árboles y corrió a su casa.

Capítulo 3

Los peces

Meses después, el tigre caminaba por la orilla del río. Sus ojos atentos <u>miraron</u> por aquí y por allí y vieron al conejo una vez más.

—¡Tú! Serías perfecto para la cena —dijo el tigre.

Detective del lenguaje	El verbo miraron está en pretérito. ¿Puedes conjugarlo en futuro?

Aunque el conejo estaba aterrorizado, dijo con valentía:

—Si esperaras un poco, podrías comerme junto con un gran pez.

—¿De verdad? Eso sería increíble y fabuloso —dijo el tigre.

No había comido pescado en mucho tiempo.

AHORA COMPRUEBA

¿Qué sería increíble y fabuloso para el tigre?

—¿Sabes qué es perfecto para atrapar a los peces? Mi colita única y reluciente —dijo el conejo, sacudiéndola sobre el río—. No hay nada mejor.

El tigre se echó a reír.

—Tu cola es demasiado corta —dijo—. Yo podría atrapar el pez más grande del río con mi larga cola.

(bg)Creative Pixels/Shutterstock.com

—No estoy seguro de eso, pero supongo que podrías intentarlo —dijo el conejo.

—Ya verás —dijo el tigre—. Mi cola es una de mis mejores características.

Se sentó en la orilla y dejó caer la cola en el río. El inteligente conejo se escabulló entre los árboles lo más rápido que pudo.

Al llegar la noche, hacía frío en el bosque. El tigre estaba sentado pacientemente esperando un gran pez. A la mañana siguiente, trató de sacar la cola del agua. Estaba atascada.

"Tal vez atrapé un pez grande", pensó, mirando de reojo a su alrededor.

Pero no era un pez. Su cola estaba congelada dentro del agua. El conejo se había escapado de nuevo y lo había dejado hambriento y con frío.

"Los conejos son peligrosos", pensó el tigre. "Debo advertir a todos sobre ellos".

AHORA COMPRUEBA

¿Cómo el conejo se escapó del tigre la última vez?

Respuesta a la lectura

Resumir

Resume las características especiales del conejo en este cuento. Usa el organizador gráfico como ayuda.

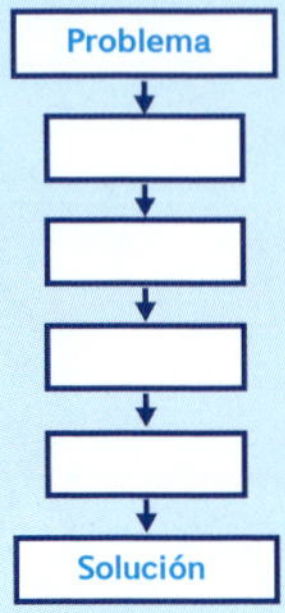

Evidencia en el texto

1. ¿Cómo sabes que este es un cuento folclórico? **Género**
2. ¿Cuál es el primer problema del conejo? ¿Cómo se resolvió? **Problema y solución**
3. Busca la palabra *codicioso* en la página 2. ¿Qué palabra cercana te ayuda a descubrir lo que significa *codicioso*? **Sinónimos**
4. Escribe sobre los problemas del conejo y cómo los resuelve. **Escribir sobre la lectura**

Género Texto expositivo

Compara los textos

Lee sobre qué características hacen que los murciélagos sean únicos.

Todo sobre los murciélagos

¿Qué sabes sobre los murciélagos? Los murciélagos son únicos. Son los únicos mamíferos del mundo que pueden volar. Un mamífero es un animal que tiene pelaje o pelo y que alimenta con leche a su cría.

Hay, aproximadamente, 1,000 clases de murciélagos en el mundo. Algunos son tan grandes como un perro pequeño y otros, tan pequeños como un abejorro.

El murciélago abejorro es el murciélago más pequeño del mundo.

Los murciélagos tienen características especiales que los ayudan a sobrevivir. Vuelan en cuevas oscuras sin estrellarse. Hacen chillidos estridentes. Los sonidos rebotan en forma de eco cuando se encuentran con cosas. Estos ecos ayudan a los murciélagos a hallar obstáculos y evitarlos.

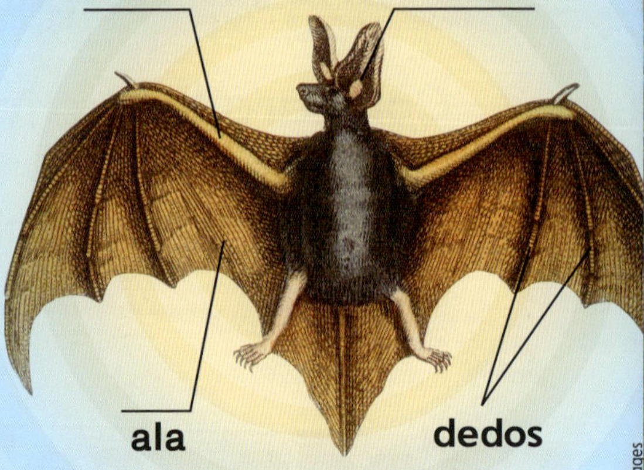

Los murciélagos hallan el camino en la oscuridad escuchando los ecos que rebotan de los objetos que están a su alrededor.

Datos sobre los murciélagos vampiro

Muchos les temen a los murciélagos vampiro porque se alimentan de sangre. Pero no son tan aterradores cuando tienes información sobre ellos.

- Son pequeños. Por lo general, tienen el mismo tamaño que el pulgar de un adulto.
- Generalmente, se alimentan de las vacas y las aves. Realizan pequeños cortes en la piel de los animales. Después, beben la sangre que sale.
- Beben, aproximadamente, una cucharada de sangre por noche. No lastiman mucho a los animales. De hecho, los animales, por lo general, duermen mientras esto sucede.
- Se encuentran en México, América Central y América del Sur.
- No es común que muerdan a las personas.

Haz conexiones

¿Qué explica el texto *Todo sobre los murciélagos* acerca de las características de este animal único? **Pregunta esencial**

Las criaturas de *El juego de pelota entre las aves y los animales* no son aves. ¿Qué clases de animales son? **El texto y otros textos**

Enfoque: Género

Cuentos folclóricos Un cuento folclórico es una historia que se transmite a través del tiempo de forma oral. Algunas de las cosas que suceden en estos cuentos no pueden suceder en la vida real. Algunos cuentos folclóricos enseñan una lección.

Lee y descubre *El conejo inteligente* es un cuento folclórico. Los sucesos que tienen lugar no son reales. Los animales no pueden hablar. Los conejos no pueden encender una fogata ni engañar a un tigre. La lección es que ser creativo e inteligente puede ser recompensado.

Tu turno

Escribe un cuento folclórico. Piensa en uno que hayas escuchado o leído. Luego vuelve a contarlo.